Für Franz, Claudia und Marial

Dir nahe sein ...
in meinen Lieblingsevangelien

Sr. Teresa Zukic

benno

Inhaltsverzeichnis

Abenteuer Bibel

Die Bibel ist mein Lieblingsbuch. Sie hat mein Leben verändert. Eigentlich wollte ich als Sportlerin Karriere machen. In einer Nacht im Sportinternat griff ich zu einem Stapel Bücher, den meine Kameradin mir ins Zimmer gelegt hatte, weil ich nicht schlafen konnte. Das Buch, welches mir als erstes in die Hände fiel, war die Bibel. Ich hatte noch nie zuvor in eine Bibel geschaut, war nicht getauft und kein gläubiger Mensch. Ich schlug irgendeine Seite auf und wurde existenziell berührt. So begann mein Abenteuer mit Gott.
Bis heute fasziniert mich die Bibel, vor allem das Neue Testament. Aber nicht nur, um darin zu lesen, sondern auch zu versuchen, die Worte Jesu zu leben. Eine tägliche Herausforderung und ein Abenteuer! Und nie werde ich müde, den Zauber und die Kraft, die in den Worten Jesu steckt, auszuprobieren.
Immer war es mir in meiner Arbeit als Gemeindereferentin und Religionspädagogin wichtig, die Bibel lebendig zu machen und bei Vorträgen, Verkündigung, Katechese und Religionsunterricht so kreativ wie möglich umzusetzen.
Die „Betrachtungen zu meinen Lieblingsevangelien“ sind genau aus diesem Wunsch entstanden, in die Evangelien so einzutauchen, als ob man selbst dabei gewesen ist, und so den Leser mit hineinzunehmen in die Dynamik des Geschehens.
Sie sind die Frucht des Gebetes und meiner Dankbarkeit und Liebe zu Gott.

Schwester Teresa

1. Der Liebe ins Gesicht schaun (Lk 2,1-20)

So ein armer Stall, ein Zuhause für die Geburt, die mächtiger und tiefer und glanzvoller nicht sein konnte. Kein Geringerer als Gott selbst konnte diesen Ort wählen. Nicht weil Er für das Kostbarste, das einzig Wahre, sein Ebenbild, das Wertvollste der Menschheit keinen würdigen Platz gefunden hätte. Die Dünen der Sahara, die Wälder Lateinamerikas – noch nicht entdeckt –, die Weiten und Steppen Russlands, wo man Licht kilometerweit sah, der höchste aller Berge, den damals noch kein menschliches Wesen betreten hatte, Südsee-Strände voller Schönheit, noch unberührt, Morgen- und Abendröte, herrliche Paläste, kostbare Schlafstätten, einzigartige verborgene Plätze, die nur Einer erschaffen konnte. Doch da kam Er nicht auf die Welt. Sondern im ärmsten, schmutzigsten, erbärmlichsten Unterschlupf, den Er selbst erwählt hatte, um Mensch unter Menschen zu werden. Nicht sein Vater, sondern Er selbst hat diesen heiligen, unheiligen Ort erwählt. Er, der war, der ist, der immer sein wird. Er wählte das Geringste, das Verborgenste, das Unwürdigste.

In einer Nacht, die heiliger nicht sein konnte. Nicht weil ein Stern den Weg wies oder ein Engel in herrlichster Pracht sich den Hirten offenbarte. Auch nicht, weil das Gedenken an diese Nacht zum größten und innigsten, zugleich sehnsüchtigsten Fest der Menschheit wurde, sondern, weil eine junge, erhabene und demütige Frau, deren Schönheit nicht in Worte zu fassen ist, ihrem Herzen vertraute und sich hingab, über alles menschliche rationale Denken hinweg einfach glaubte. Sie glaubte und sie wurde zur Mutter des Göttlichen. Sie gebar den Sohn. Die Frucht ihres Leibes, in ihr willkommen, von ihr erwartet, kam der Retter zur Welt. Eine Stille, die leiser war als jeder Laut, denn niemand wagte auch nur ein Geräusch von sich zu geben. Josef traute sich kaum zu atmen, kein Vieh, kein Grashalm sich zu bewegen, wie auch der Wind selber verstummte ob der Größe des Geschehens. Und dann Geräusche, Stimmen, wenn auch bedacht, trat Josef erschreckt heraus, ängstlich, aber stolz und bereit, das Geheimnis, wenn es sein müsste, mit seinem Leben zu verteidigen. Er war der Beschützer der Königin aller Mütter, und in seinem Schutz konnte sie auch sicher sein. Niemandem hätte Gott seinen Sohn besser anvertrauen können als diesem gerechten, wahrhaftigen und geläuterten Mann, der in sich alle Zweifel und jeden Ungehorsam überwunden hatte.

Heute ist euch in der Stadt Davids der Retter geboren; er ist der Messias, der Herr.

Da standen sie, die Hirten, die Verachteten, Unwürdigen und Sprachlosen. Da standen die ersten für die Botschaft des Himmels Erwählten, und sie wussten, dass sie nie wieder im

Leben mehr Schönheit erblicken konnten. Das göttliche Kind schlief, und sie wagten den Blick in ein reines Gesicht. Nie wieder würden sie etwas Lieblicheres und Anmutigeres im Leben betrachten können. Niemals mit gleicher Innigkeit, Liebe und Größe der Wahrheit ins Gesicht schauen. Und als sie im Morgengrauen gingen, da wussten sie: Sie hatten gewacht beim Lebendigen, bei dem, der das Leben ist. Tiefer würden sie dem Leben nie begegnen.

2. Wir können uns freuen (Lk 2,8-20)

Ein Glanz liegt überall in der Luft, und das himmlische Wesen, das wir liebevoll Engel nennen, wird seinen Auftrag erfüllen. Manchmal tun Menschen so, als wüssten sie alles über Engel und wissen doch kaum, was die Bibel verrät: Dass es himmlische Wesen sind, Boten, die immerzu den Höchsten anbeten, Wesen, mit denen Gott sich umgibt. Sie sind rein und lauter und gehorsam und beschützen uns Menschen. Welche Größe und Würde muss der Weihnachtsengel gehabt haben, als er der Welt die vollkommene Freude verkünden durfte! Mit der menschenfreundlichsten und glückbringendsten Botschaft, dass wir uns nicht fürchten sollen, weil ein frohes, ein frohmachendes Ereignis unsere Welt von aller Dunkelheit befreit. Uns wurde ein Kind geboren, ein Retter, ein Sohn ist uns geschenkt worden.
Was sind das für Wesen, die Engel? Glauben wir, Gott hat sie nur erschaffen, um sich anbeten zu lassen, weil er nicht damit rechnen konnte, dass die Menschen es tun werden? Glauben wir, sie haben einen freien Willen? Ja, ich glaube es. Ich glaube nicht, dass Gott sich Roboter erschafft, sondern dass ihre demütige Haltung, ihre absolute Hingabe an den Schöpfer im Erkennen Seiner liegt, der Liebe, der Größe und Majestät, dass es eine Entschiedenheit ist, über die man nur staunen kann, ihren Sinn im Leben einzig darin zu erkennen und erfüllt zu wissen, Ihn anzubeten. Die Erfüllung vollkommener Freude. Sich in dieser Gewissheit dem Unbedingten, dem Einzigen, der Wahrheit auszuliefern. Ohne Muss, sondern aus innigstem Wollen.

Verherrlicht ist Gott in der Höhe und auf Erden ist Friede bei den Menschen seiner Gnade.

Der Weihnachtsengel musste mit seinem Glanz alle erschreckt haben, schließlich kommt er aus einer Helligkeit und Pracht, die jeden Sonnenstrahl übertrifft. Die armen überforderten Hirten. Todesangst müssen sie gehabt haben, als das Licht der himmlischen Wesen über ihnen aufstrahlte. Doch dann die Worte: „Fürchtet Euch nicht. Euch ist heute der Heiland geboren, Christus, der Herr." Diese kostbare, einfach himmlische Botschaft lässt Gott in die Welt rufen. Darin spiegelt sich sein innerstes Sein. Wenn Er kommt, dann müssen wir keine Angst haben. Er wird uns nie bedrohen, nie von uns Unmögliches verlangen. Wenn Gott sich dem Menschen zuwendet, dann will Er, dass wir wissen, dass Er nie Furcht, sondern Freude bringt. Welch wunderschöne Botschaft für die Menschheit, für dich und mich: Gott verkündet Freude!

3. Er überrascht uns (Lk 5,1-11)

Eine mühevolle, erschöpfende Nacht geht zu Ende, als das Boot heimkehrt. Nichts gefangen, keinen einzigen Fisch. Aller männliche Stolz ist aus seinem oft überhitzen Kopf gewichen. In solchen Momenten ist er unsicher und sein Blick weicht dem der Brüder aus. Sie wissen, dass es besser ist, ihn nicht anzusprechen. Ihn, den starken Simon, der die Familie ernährt und zu den besten Fischern am Ufer zählt. Manchmal ist er aufbrausend, vorlaut, nicht gerade abenteuerlustig. Er geht seinen geraden Weg und ist doch in seinem Innern weich, lässt sich innerlich anrühren, gibt es aber nicht gerne zu. Er kann auch ganz anders sein. Er kennt sich aus, er kennt diesen See wie seine Westentasche, und niemand kann ihm hier das Wasser reichen. Er ist ein treuer Sohn, einer, der Prinzipien hat und dem sein Glaube heilig ist.

Fürchte dich nicht! Von jetzt an wirst du Menschen fangen.

Ausgerechnet heute ist das ganze Ufer mit Menschen überfüllt. Auch das noch! Gerade heute, wo er mit einem leeren Boot zurückkommt. Oh, wäre er doch nicht in dieser Nacht hinausgefahren, dann könnte er sich nun das Gelächter ersparen. Sind die Römer wieder da? Wenn alles so mucksmäuschenstill ist? Diese verfluchten Römer!

Nein, es ist nur ein Mann. Alle sind wie gefesselt von ihm. Zum Glück sind alle abgelenkt, und er verspürt Dankbarkeit diesem Fremden gegenüber, der anscheinend etwas Wichtiges zu verkünden hat. „Vielleicht kann ich unbemerkt mein Boot festmachen."

„Was?" – Simon traut seinen Ohren nicht. Er soll noch einmal auf den See zurück? Um diese Zeit die Netze auswerfen? Die anderen Brüder sind wie erstarrt. Gleich wird der Unbekannte ein Donnerwetter erleben. Wer ist das überhaupt? Sie haben den ungewöhnlichen Redner noch nie hier gesehen. Ein Wanderprediger? Einer, der die Ankunft des Messias verheißt? Das fehlte noch, ausgerechnet an diesem Morgen! Doch Simon dreht das Boot um. Das gibt es doch nicht. Sie sehen die Zornesröte in seinem Gesicht aufsteigen, aber begreifen nicht seinen Gehorsam. Nur dumme, unerfahrene Menschen würden jetzt die Netze auswerfen. Kein Fischer der ganzen Welt würde das tun. Sie erkennen ihren Simon nicht wieder, aber auch sie gehorchen seinem Kommando.

Das Netz ist fast nicht einzuholen, sie müssen das Boot in Ufernähe lenken, damit es nicht reißt. Einen solchen Fang haben sie noch nie erlebt. Simon schaut dem Fremden ins Gesicht. Er sagt etwas zu ihm, das sie noch nicht begreifen: „Menschenfischer" haben sie aufgeschnappt. Simon dreht sich nicht einmal um. Er steigt aus dem Boot und folgt dem

Fremden, ohne noch einmal zurückzuschauen. Er verlässt seine Familie, seine Heimat, sein bisheriges Leben.
Was sind wir bereit aufzugeben, wenn der Sohn Gottes uns begegnet?

4. Er feiert mit uns (Joh 2,1-11)

Eine besondere Hochzeit und Er ist dabei. Der Meister, dieser junge, ausgelassene Mann, wie Er sich betrinkt an der Freude, dem Gelächter, dem Mahl der Hochzeit. Wie Er einer von ihnen ist, sein darf, wie Er sich fühlt und sich im Reigen der Melodien bewegt und tanzt und tanzt, bis Ihm die Puste ausgeht. Der nicht begreift, warum Seine neuen Freunde verhalten sind, fast schüchtern, und staunen oder entsetzt sind über Seine Ausgelassenheit. Nur gut, dass die Mutter da ist, sie wird ihrem Sohn schon Einhalt gebieten. Sie begreifen nicht, wie ihr Rabbi, dessen Wort sie ins Mark traf, dem sie folgten, ohne zu zögern, so menschlich, allzu menschlich ist. Wem sind sie da eigentlich gefolgt? Ist Er wirklich heilig? Ist Er der Messias, wenn Er sich so gar nicht benimmt, wie man sich den Retter erwartet? Tanzt, singt, trinkt im Gelage und ist kaum zu bändigen? Verbreitet gute Laune, und alle sind von Ihm betört? Wem sind sie da auf den Leim gegangen? Jetzt reagiert die Mutter endlich, warum hat sie so lange gewartet? Ihr Sohn macht sich lächerlich. Jetzt ist die Standpauke fällig. „Sie haben keinen Wein mehr." Das ist alles? Das darf doch wohl nicht wahr sein – soll Er für noch mehr Nachschub sorgen? Was ist das für eine Familie? Jetzt wäre der richtige Moment, zu gehen. Jetzt wird das Fest bald zu Ende sein; sicher peinlich für den Gastgeber, aber was geht das die Jünger an? Sie haben eine andere Bestimmung. Sie wollen ihren Meister wieder ordentlich, fromm und brav wissen. Wollen weg von hier. „Meine Stunde ist noch nicht gekommen, Frau!" – Na, Jahwe sei Dank! Er ist zur Vernunft gekommen, sammelt euch, Brüder, wir gehen. Jesus aber spricht zu den Leuten. Er verabschiedet sich sicher! Doch seine Mutter fordert die Diener auf, zu tun, was ihr Sohn ihnen sagt. Hat Er sie nicht eben zurechtgewiesen? Klargestellt, dass es noch nicht soweit ist? Wie können sie diese Mutter verstehen, die viel mehr weiß, was ihr Sohn zu tun im Stande ist. Sie als einzige auf dieser Welt weiß, dass Er nicht ist wie andere Söhne, sondern etwas Besonderes, Einmaliges und Unwiederbringliches.

So tat Jesus sein erstes Zeichen, in Kana in Galiläa.

Aber nein, was ist das denn? Sie sollen Wasser in die Krüge füllen? Wasser in die Weinkrüge? Bis an den Rand – Unmengen von Wasser!

Jesus steht schweigend an den Krügen. Dieses Schweigen ist eine herrliche Tat. Er lässt geschehen, was geschehen muss. Und der am meisten Ahnung hat, der Küchenchef des Festes, er probiert den Trank, ahnungslos, nicht begreifend, wo so viel Wein hergekommen ist. Niemand weiß es, außer jenen Dienern, die Jesus gehorsam waren, die getan haben, was Er ihnen gesagt hat, ohne nach dem Warum und Wie zu fragen! Welche Köstlichkeit schmeichelt seinem Gaumen! Das Wunder eines Weines, den der Himmel geschenkt hat. Wie sollte jemand jetzt zweifeln, dass der Himmel nichts von gutem Wein versteht? Dass im Himmel gefeiert wird und wir alle geladen sind zum Hochzeitsmahl. Werden wir dann auch am Rand stehen und entsetzt zuschauen, wenn der Vater und der Sohn in der Melodie der ewigen Liebe tanzen, umgeben von seinen Auserwählten, seinen Freunden, seinen Heiligen, seinen Kindern? Werden wir mitfeiern am Fest des Lebens, das nie enden wird?

5. Wir dürfen Ihn bitten (Mt 15,21-28)

Er zog sich zurück in die Gegend von Tyrus und Sidon. Er brauchte die Stille, die Er so oft aufsuchte. Auch jetzt, nachdem Er die Menschen gelehrt hatte, dass nicht das, was durch den Mund in den Menschen hineinkommt, ihn unrein macht, sondern was aus ihm herauskommt, dass aus dem Herzen des Menschen all das Böse kommt.

Und dann stand sie plötzlich da und bat ihn voller Hingabe um Erbarmen, vielleicht sogar noch mehr: sie belästigte Ihn, denn sie wusste, dass Er nicht für sie da war. Sie war eine Ungläubige in Seinen Augen, und nie hätten Rabbiner sich auch nur nach ihr umgedreht.

„Herr, Du Sohn Davids, hab Erbarmen, meine Tochter wird von einem Dämon gequält!"

Er schwieg und gab ihr keine Antwort.

Sie rief es lauter, schrie es hinter Ihm her. Nur eine Mutter vergisst alle Regeln, wenn es um ihr krankes Kind geht. Es war der letzte Strohhalm eines gequälten Lebens. So viel hatte sie von diesem Nazarener gehört, von Heilungen und Wundern. Den Jüngern war es peinlich. Sie ging hinter ihnen her und zog alle Aufmerksamkeit auf sich. Irgendwann bat man Ihn, sie doch zu befreien vom Geschrei, von der Peinlichkeit, vom Dämon. Es war doch ein Leichtes für Ihn. Sie scheuten nicht, Ihn darum zu bitten. Aber Er antwortete: „Ich bin nur zu den verlorenen Schafen des Hauses Israel gesandt." Was hat Er mit dieser zu schaffen? Sein Auftrag galt den Kindern Israels. Seinen Kindern. Doch die Frau kam, fiel vor Ihm nieder und sagte: „Herr, hilf mir! Nur du kannst helfen." Sie sank auf die Knie, sie bettelte und flehte. Das war zu viel, schroff erwiderte Er: „Es ist nicht recht, das Brot den Kindern wegzunehmen und den Hunden vorzuwerfen."

Frau, dein Glaube ist groß. Was du willst, soll geschehen.

Unfassbar! Das sagt der Herr. War sie nicht mehr als ein Hund? Dachte Er so von ihr? Der, der die Liebe Gottes verkündete, der noch zuvor gepredigt hatte, dass alles Hässliche aus dem Innern des Menschen kam? Dass das Reich Gottes nahe sei? Beleidigt, entrüstet hätte sie sich zurückziehen können.

Klug wie Frauen sind, gab sie Ihm recht. Es ist immer besser, dem Mann recht zu geben. Sie erwiderte: „Ja, du hast recht, Herr! Aber selbst die Hunde bekommen von den Brotresten, die vom Tisch ihrer Herren fallen." Was für ein Glaube! Jesus staunte nicht schlecht über diese energische, wissende und demütige Frau. Darauf sagte Er: „Frau, dein Glaube ist groß. Was du willst, soll geschehen."

Und von dieser Stunde an war ihre Tochter geheilt.
Tröstlich und herrlich für alle, die sich unwürdig, fernstehend und ausgegrenzt fühlen: Jesus lässt sich umstimmen, und wir dürfen Ihn mit großem Glauben um alles bitten.

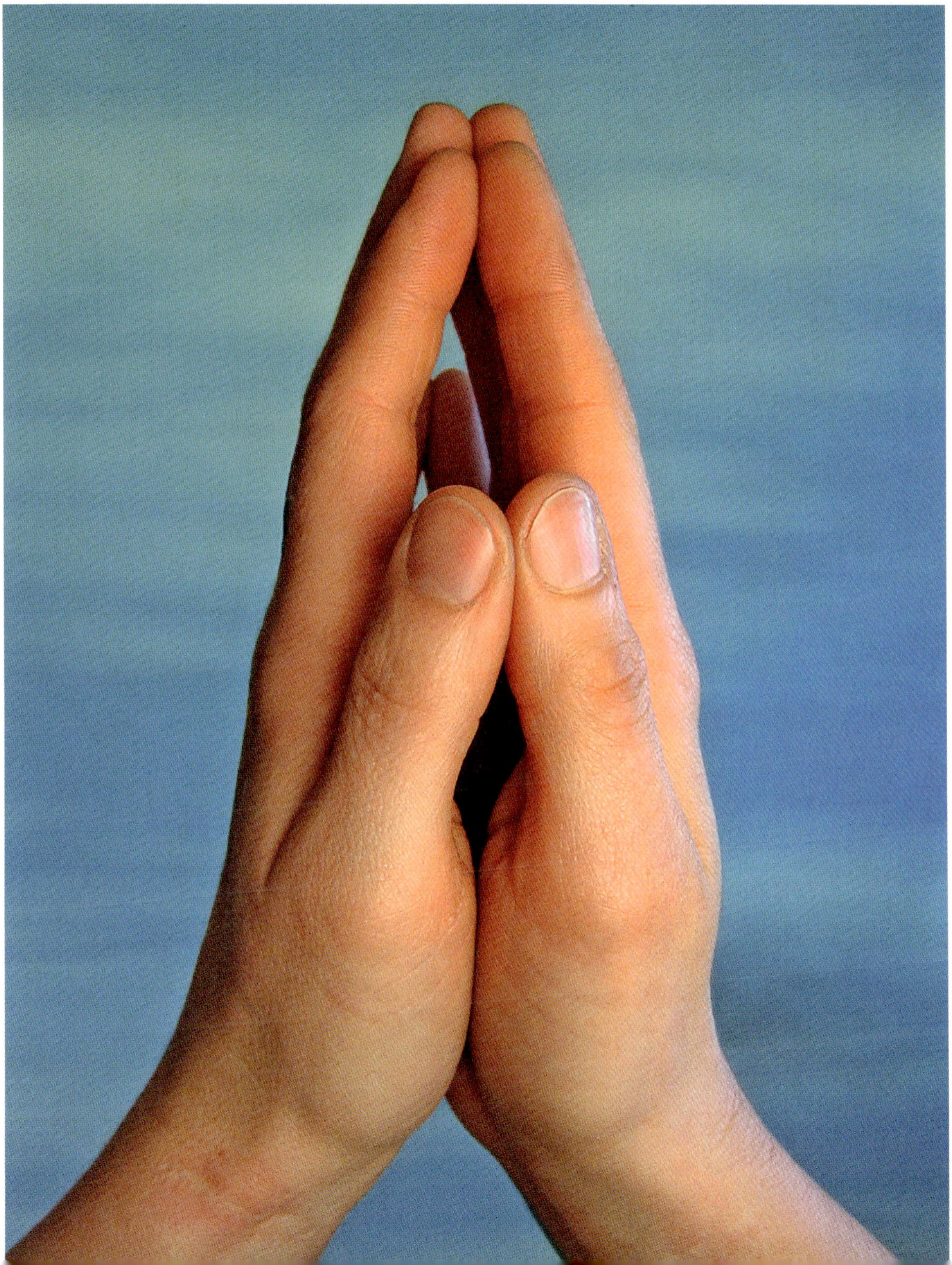

6. Er öffnet uns die Augen (Mk 10,46-52)

In einem Land, in dem das Licht vom Morgen bis zum Abend strahlt, die Sonne diesen Teil unseres Planeten bevorzugt und zugleich erbarmungslos in der Mittagshitze alles Lebendige in den Schatten flüchten lässt – wie schlimm muss es da sein, blind geboren zu sein. Doch Bartimäus kannte nichts anderes, er kannte nur diesen traurigen Zustand. Wie glücklich machte ihn deswegen umso mehr jeder Laut eines Vogels, eine sanfte Stimme, die sein Herz erwärmte, und jede Berührung, die in ihm tiefste Gefühle auslöste. Er war vertraut mit den Geräuschen der Straße. Das Betteln war für ihn eine Lebensnotwendigkeit, dafür schämte er sich schon lange nicht mehr. Alle kannten ihn, er gehörte zu diesem Ort, zu dieser Stelle, und man ging vorüber. Die wirklich Gläubigen vergaßen nie, ihm ein Almosen zu geben und so das Gebot des Herrn zu erfüllen. Manchmal rief er sich seine Kindheit ins Gedächtnis, wie sein Vater ihm die Gebote erklärte, wenn sich stundenlang keine Schritte

bemerkbar machten. Der Vater hatte ihn noch beschützt, aber inzwischen wusste er, dass er verachtet war und man die Kinder nicht gern an ihn heranließ. Nur die Neugierigen gaben sich freundlich und verstanden es, alles aus ihm herauszulocken, denn er war das Ohr des Dorfes.

Er hatte aufgehört zu fragen, warum er anders war. Er lernte die Deutungen anzunehmen, die sein Schicksal ihn bitter lehrte: eine unfassbare Sünde stand zwischen ihm, seinen Eltern und Gott. Er wusste nicht, wofür der Höchste sie alle bestrafte, aber er begriff, dass er dem nie entkommen könnte. Und dann dieser Morgen, dieses Getümmel, wildfremde Stimmen. Wie ein Feuer verbreitete sich die Kunde: Jesus kommt. Er kannte all die Geschichten über Ihn. Oh, welch eine Abwechslung in der Dunkelheit und Trostlosigkeit seines Alltags, wenn dieser Rabbi kommt. Das Getöse wurde immer lauter, aber was, was sagen sie? Er geht weiter, Er geht vorbei? Nur das nicht, nein, Er muss ihn doch sehen! Bitte nicht – „Jesus, erbarme dich meiner", flüsterte er mit seinen trockenen Lippen. „Jesus, Jesus!" Er schrie, er schrie für alle Hoffnungslosen, im Abseits Lebenden, für alle Vergessenen und Kranken dieser Welt. Er schrie sich die Lunge aus dem Hals, so dass er die gesamte Menge schnatternder, staunender Wichtigtuer übertönte. Das war zu viel für einige. Jesus sollte nicht vom Abschaum der Straße belästigt werden. Sie reagierten mit liebloser, unbarmherziger Aggression und befahlen ihm zu schweigen. Aber Jesus überhört keinen Menschen, Er hatte ihn schon längst gehört, seit Jahrzehnten hat Er das Beten und Bitten seiner Seele gehört. Und nun ruft Er ihn. Die Menge ist wohl darüber am meisten erstaunt. Und nun, eingeschüchtert, helfen sie ihm sogar, dem blind Geborenen.

Hab nur Mut,
steh auf,
er ruft dich.

Die vorher verärgert über ihn waren, machen ihm Mut. Nun hielt ihn nichts mehr, er warf seinen Mantel, seinen einzigen Besitz, weg. Mit nichts als seinem Vertrauen lief er auf Jesus zu. Doch was fragt der Meister, hat er richtig verstanden? Er fragt ihn, was Er ihm tun soll? Ist er nicht der, für den er Ihn hielt? Sieht Er nicht, was mit ihm los ist? „Rabbuni, ich will sehen!" Welch ein Wort, das für alle Blinden und Sehenden gleichzeitig gilt. „Ich will sehen!" Und Er, der alles und alle durchschaut, Er schenkt ihm das köstliche Licht, das ihm alle Farben und alle Schönheit der Welt bringt. Welch eine Fülle, die ihm aufgrund seines Glaubens geschenkt wird. „Herr, schenk mir Glauben, damit ich mehr sehe!" Er ist das Licht der Welt – in Seinem Licht schauen wir das Licht des Lebens.

7. Du kannst es selber (Joh 5, 1-18)

Wieder bricht ein Tag als Krüppel heran. Er ist abgestumpft durch all die Jahre von Leid und Schmerz. Er hadert schon lange nicht mehr mit dem Schicksal. Er hat sich damit abgefunden wie all die anderen, die hier liegen. Tag für Tag, Jahr um Jahr. Das Wasser des Teiches brachte Abkühlung an heißen Tagen, und manchmal linderte es den Schmerz, aber nie die Traurigkeit. Früher half man ihm, aber inzwischen war es ihm unmöglich, selbst bis zum Wasser zu gelangen. Wer sollte ihm auch helfen, um ihn herum nur Lahme, Blinde und Verkrüppelte, wie er selbst einer war. Sie lagen im Schutz der Sonne in den Hallen und ergaben sich ihrem Schicksal.

Achtunddreißig Jahre war er schon krank; es hatte keinen Sinn mehr zu hoffen, er hatte die Hoffnung schon lange aufgegeben. Die Bahre war ein Teil von ihm selbst geworden. Immerzu krank, immerzu am Rand des Lebens. Und natürlich glaubte er, dass Gott ihn für seine Sünden strafte. Er war verbittert, und das Einzige, was ihm Luft verschaffte, war zu jammern.

„Willst du gesund werden?“ Die Stimme klang anders, so warm und weich, ehrlich und verständnisvoll. Das hatte er schon lange nicht mehr gehört. Begriff er, was dieser Mann ihn fragte? Wohl nicht, und er antwortete: „Herr, ich habe keinen Menschen.“ Keinen hatte er, der ihn, sobald das Wasser aufwallte, in den Teich trug: Wie sehr sehnte er sich danach; aber während er sich hinschleppte, stieg schon ein anderer vor ihm hinein.

Jetzt bist du gesund; sündige nicht mehr, damit dir nicht noch Schlimmeres zustößt.

„Willst du gesund werden?“ Er musste sich verhört haben. Begriff der Fremde nicht? Oder war er selbst vor lauter Selbstmitleid nicht mehr imstande zu hören, zu begreifen, zu verstehen? Mein Gott, er war achtunddreißig Jahre krank!

„Steh auf und nimm deine Bahre und geh“, sagte der geheimnisvolle Mann und war aus seinem Blick verschwunden.

„Na klar, steh einfach auf und geh. Das Leichteste der Welt! Wenn du keinen hast, der dir hilft, steh doch selber auf und geh los. Hör auf zu jammern und pack‘s selber an.“ Er war ärgerlich über solch einen Hohn und wollte ihm nachschreien, als er plötzlich seine Beine spürte und merkte, wie sein starrer Körper beweglich wurde. Er war gesund. Ein einziger Augenblick, und er stand da und hatte sein Bett in der Hand. Er lief einfach. Träumte er? War das alles nur ein Traum? Nein, denn einige Juden rissen ihn aus dem Unvorstellbaren: „Es ist heute Sabbat, du darfst dein

Bett nicht rumtragen. Keine Arbeit darf am heiligen Sabbat verrichtet werden." „Was?" Er antwortete ihnen: „Der mich gesund gemacht hat, sprach zu mir: Nimm dein Bett und geh hin!" Er wusste nicht, wer er war, aber wer anders konnte es sein als der Retter der Welt.

8. Ich bin Ihm wichtiger (Mt 12,9-14)

Es ist für Ihn immer wieder überwältigend, wenn Er hereinschreitet. Schon als Kind, wenn Er mit dem Vater, dem Er anvertraut war, in die Synagoge ging, schlug Sein Herz schneller. Es war der Höhepunkt der Woche, und Er rannte voraus, als der erste Stern hoch am Himmel stand. Bis Josef nachgekommen war, stand Er ungeduldig am Eingang, die Männer, die würdig ihre Plätze einnahmen, durch den flimmernden Kerzenschein betrachtend. Und dann das unbeschreibliche Gefühl, über die Schwelle zu gehen. Als würde Er in eine andere Welt treten, die den Duft von Gebeten verströmte und wo das Kostbarste des Dorfes aufbewahrt wurde: die Thora. Hier konnte Er alles hinter sich lassen und zur Ruhe kommen. Alles sog Er in sich auf, und auch wenn Er den anderen Jungs zulächelte, die sich über manches flüsternd lustig machten, war doch Sein Herz an diesem Ort tief berührt, und Er war ganz Ohr.

Daran erinnerte Er sich, der nun selbst Rabbi war. Er trat in die Synagoge und wünschte, das hinter sich zu lassen, was Ihn zuvor gerade noch erregt hatte: Die Auseinandersetzung wegen des Sabbats. Wie kleinlich und armselig sie waren, die Vorbilder Seines Volkes, die Moralapostel, die keine Gnade kannten und jeden Verstoß missbilligend registrierten. Überall lauerten sie und suchten Gründe, um die Menschen zu ermahnen und Ihn und Seine Gefährten anzugreifen. Die kleinste Kleinigkeit hatte heute auf dem Weg wieder genügt. Wie hart und unbarmherzig sie das Gesetz auslegten, nur weil Seine Freunde den Hunger der letzten Tage nicht mehr ertrugen und ein paar Ähren kauten, um den Magen zu beruhigen. Natürlich wusste Er, was am Sabbat verboten war. Er kannte das Gesetz ebenso wie sie, aber sie erkannten nicht die Liebe, von der dieses Gesetz ausging. Sie kannten Jahwe nicht wirklich, sonst hätten sie sich über dieses Urteil geschämt. Er erinnerte die Hartherzigen daran, dass Jahwe „Barmherzigkeit will, nicht Opfer". Und auch sie würden hier sein, hier im Gebetshaus, mit ihren kalten Herzen.

Darum ist es am Sabbat erlaubt, Gutes zu tun.

Zugleich sah Er den Mann, dessen Hand verdorrt war. Und schon schleuderten sie Ihm entgegen: „Ist es am Sabbat erlaubt, zu heilen?" Hätten sie sich nicht stattdessen selbst fragen sollen, was in ihnen nicht heil war, statt diesen leidenden Mann zu missbrauchen, um einen Grund zu finden, Ihn anklagen zu können.

Er antwortete ihnen, auch wenn Er wusste, dass sie es doch nicht begreifen würden, weil sie die Wahrheit nicht begreifen wollten: „Wer von euch würde nicht sein Schaf aus der

Grube holen und es herausziehen? Wie viel mehr ist ein Mensch wert als ein Schaf? Darum ist es erlaubt, am Sabbat Gutes zu tun."

„Streck deine Hand aus." Eine gesunde Hand wurde ausgestreckt, und es kam Ihm vor, als stünden sie inmitten von Schafen und Wölfen. Die Wölfe beschlossen, Ihn wegen dieser Provokation zu zerreißen und umzubringen.

Wo die Liebe fehlt, bleiben wir krank und hart. Gott selbst überschreitet jedes Gebot und jede Grenze, um uns zu heilen und zu retten. Mögen wir uns immer erfreuen an den Wundern des Herrn.

9. Wir dürfen Ihn berühren (Mk 5,21-34)

Welch eine Menschenmenge hat sich um Ihn versammelt! Es wird geschubst und getreten, alle wollen in die Nähe des berühmten Rabbis, des Nazareners Jesus sein. Niemand kann sich Seiner Gegenwart entziehen, und die Jünger spüren immer mehr, dass Jesus, ihr Meister, ihnen nicht alleine gehört. Aber noch denken sie das und wollen Ihn vor Belästigung schützen, weisen Menschen grob zurück, sie wollen noch nicht akzeptieren, dass Er nicht ihr Eigentum ist, sondern sie Ihm gehören.

Sie genießen ihre Auserwählung, ihre Bevorzugung, und spüren, wie Menschen auch ihnen Respekt zollen. Eine neue Rolle haben sie im Leben eingenommen und genießen den Glanz ihres Herrn, in dem sie ihre Armseligkeit und Bedeutungslosigkeit verbergen können. Manchmal überschätzen sie sich und nehmen sich Dinge heraus, die ihnen viel später bewusst werden, spätestens dann, wenn Er sie zurechtweist, wenn sich Seine gütige Unbekümmertheit in Strenge wandelt. Wenn Er klare, fordernde Worte spricht, wenn sie wieder erleben müssen, dass ihr Denken so menschlich unvollkommen ist und sie oft mit ihrem kleinlich begrenzten und alltäglichen Maßstab Gottes Größe und bedingungslose Liebe nicht begreifen können. Wenn sie ablehnend und gering von Menschen denken und sich schämen, dass ihr Meister sich mit Sündern und Zöllnern abgibt, sich sogar mit Prostituierten sehen lässt und beim Trinkgelage Anlass zu Kritik gibt. Er ist gekommen, um zu retten, was verloren ist, nicht um zu richten.

Wenn ich auch nur sein Gewand berühre, werde ich geheilt.

Jetzt gehen sie neben Ihm her und bahnen Ihm den Weg durch die Menge. Und Er, Er lässt sie gewähren, weiß um ihr Bemühen, ihre Einfachheit, ihre Liebe, aber auch um ihre Selbstüberschätzung.

Im Gedränge fällt sie niemanden auf. Diese kranke einsame Frau, die sich für Jahrzehnte unrein hielt, weil ihre Blutungen nicht aufhörten und das Leben aus ihr wich. Sie hat gelernt, sich verborgen zu halten. Wie peinlich waren die letzen Jahre gewesen, immer mit dem Gedanken, sich unwert und ausgestoßen zu fühlen. Plötzlich war Er neben ihr. Zum Greifen nahe und doch eine Ewigkeit von ihr entfernt. Das ist die Gelegenheit, und zitternd, aber voller Glauben, instinktiv berührt sie den Saum Seines Gewandes, das für den Bruchteil einer Sekunde durch ihre schwachen Finger streicht. Die, die sich niedrig und wie nichts fühlt, sie greift nach einem kleinen Zentimeter Stoff, in den der kostbare, göttliche Sohn eingehüllt ist. Sie greift mit ihrem ganzen Herzen nach dem Retter. Er wird sie sicher nicht einmal bemerken, aber plötzlich bleibt Er stehen, es durchfährt Ihn ungekannte Macht. Ein Strom, der von Ihm ausgeht und sich verbreitet. Überrascht dreht Er sich zu der Menge um und will wissen, wer Ihn berührt hat. Aber wer hätte sich das zu wagen getraut? Es war verboten, einen fremden Mann zu berühren. Keine Frau hätte das je gewagt, jeder Mann hätte vor Respekt jede Berührung vermieden. Allein die Frage lässt die Frau erzittern, aber sie zittert nicht mehr. Sie ist frei.

10. Er tut es dennoch (Mk 1,40-45)

Er steigt herab von dem Berg. Ist es nicht gerade das, was diesen Gott so unbeschreiblich fesselnd macht? Er ist herabgestiegen von Seinem Thron, Seinem Himmel, Seinem Glanz und Seiner Herrlichkeit in die Tiefen menschlicher Existenz. Er schaut nicht mehr von oben herab, sondern begibt sich ins Dasein menschlicher Abgründe. Viele folgen Ihm, können nicht mehr von Ihm lassen und drängen sich Ihm auf, kopieren wahrlich jeden Seiner Schritte. Da kommt der Aussätzige, wie aus dem Nichts, und fällt vor Ihm auf die Knie. Übersät von Wunden und Geschwüren, menschlicher Verfall, bestialisch riechendes Fleisch. Nicht mehr lebendig, lebt er fernab aller menschlichen Wärme, sozial tot. Tot schon vor dem Tod. Abgestempelt, ausgegrenzt, aussätzig. Ja, wie kommt er dazu, sich unter die Menschen zu wagen? Ist er wahnsinnig, sich überhaupt einem gesunden Menschen zu nähern? Und dann noch IHM! Dem Reinsten unter den Reinen, an dem kein Makel ist, der nie einer Waschung bedurfte, weil Er ohne Sünde, ohne Verderbtheit, ohne Argwohn lebt. Weiß dieser Aussätzige nicht, dass er alle verunreinigt, alle in Gefahr bringt?

Sie schreien und weichen zurück, fliehen vor dem Unberührbaren, dem Abschaum, dem Sünder, der seine Strafe zu ertragen hat. Doch Er bleibt stehen, ruhig, ohne Furcht tritt Er dem gebrochenen Mann entgegen. Wann hat der Bedauernswerte das zum letzten Mal erlebt? Dass er ein Gegenüber hat, das ihn wahrnimmt, ansieht, bemerkt, das ihn nicht fortjagt wie einen Hund oder vor ihm flieht.

Wenn du willst, kannst du machen, dass ich rein werde.

„Herr, wenn du willst, kannst du machen, dass ich rein werde." Welch tiefe Bitte, die alles Denken auf den Kopf stellt. Er bittet nicht um Gesundheit, er bittet um Reinheit. Er weiß, dass da im Innern seiner Seele noch viel größere Wunden, viel größerer Schmerz und Ekel und Schmutz liegt. Er weiß nicht, dass alle Hässlichkeit und Verstelltheit seiner Krankheit tief im Innern seiner Seele geheilt werden muss, reingewaschen werden wird durch das Blut und Wasser des gekreuzigten und geheiligten Lammes, aber er fühlt instinktiv, wie ihm das lebendige Leben begegnet.

Jesus streckt seine Hand aus. Oh Gott, was tut Er nur? Bitte nicht, Jesus, nicht den Aussätzigen, den Unreinen, Du machst Dich damit selbst unrein! Wie kannst Du Dir und uns das antun! Sind Seine Gefährten nicht aufs Äußerste entsetzt? Er streckt seine Hand aus und berührt ihn. Er berührt ihn und die zarten, weichen Hände göttlicher Liebe und Wärme legen sich auf das Haupt des Armen. „Ich will es – werde rein!“ Oh, welch eine Berührung, die alles verwandelt, lebendig und frei macht, den Tod verjagt, das Licht entzündet und den Todgeglaubten ins Leben ruft. Leben, volles, erfülltes, freies und reines Leben. Im Augenblick der Berührung mit Gott werden wir rein. Hilf uns, Gott, uns von Dir berühren zu lassen.

11. Er gebot Stille (Mk 4,35-41)

Wie mächtig Er dem Sturm gebietet, obgleich Er vorher in den tobenden Fluten wie ein Baby schlief und sich hin und her schaukeln ließ wie ein Kind im Mutterschoß. Erst das Schreien der Jünger, deren Todesangst Ihn erschreckte, ließ Ihn erbeben, und kraft Seiner Gnade gebot Er Stille. Nichts Vergleichbares hatten sie je gesehen. Die Naturgewalt verbeugte sich vor ihrem Schöpfer und gehorchte Seinem reinen Wort. Und dann der Blick auf Seine Gefährten, verwundert. Er konnte nicht begreifen, wie sie zurückfielen in den menschlichen Zweifel in abgrundtiefer Abkehr vom Glauben an Seine Person. Er rügte ihren Kleinglauben. Doch der Blick verriet noch mehr, er verriet Enttäuschung. Stumme, nachdenkliche, fassungslose Ent-

täuschung. Und die Jünger, überwältigt vom Wunder und erschüttert von Seinem fragenden Blick und Seinen wenigen Worten, neigten allesamt die Köpfe aus Scham. Wie viel Respekt hatte ihnen das eingeflößt?
Wissend, dass dieser Meister mehr ist als jeder Mensch und jeder Prophet, um den sie von Kindesbeinen an wussten.
Natürlich staunten sie. Er jedoch legte sich einfach wieder hin, schloss Seine Augen, die feucht aussahen, und die stillen Wellen schaukelten das Boot wie eine Wiege für den göttlichen Sohn!

Warum habt ihr solche Angst? Habt ihr noch keinen Glauben?

12. Er steht für mich ein (Joh 8,1-11)

Sie schleppten sie in den Tempel und zerrten an ihr. Sie hatten sie ertappt und verschonten den Ehemann, aber mit ihr konnten sie Jesus auf die Probe stellen, um endlich einen Grund zu haben, Ihn anzuklagen. Er lehrte in ihrem Tempel, und alles Volk war zusammengeströmt, um Ihn zu erleben und Ihm nahe zu sein. Dem Rabbi, oder für was auch immer Er sich hielt. Wenn Er der war, für den Er sich ausgab, wusste Er genau, was das Gesetz als Strafe für diesen Ehebruch verlangte. Die Steinigung! Er sollte vor aller Augen die richtige Entscheidung treffen, wie ein Gesetzestreuer mit dieser Sünderin umzugehen hat. Schon lagen die Steine bereit, und die Anklage wurde lärmend hinausgeschrien. Sie stand völlig allein vor der Menge erhitzter Gemüter. Alle warteten auf das Zeichen zur Verurteilung.

Doch Er weigerte sich. Er bückte sich und fing an, auf die Erde zu schreiben, als ginge Ihn das alles nichts an. Alle Versuche, Ihn zu bedrängen, Ihn aus der Reserve zu locken, scheiterten, und das steigerte ihren Zorn nur noch mehr.
Er sollte eine Entscheidung treffen, aber es war nicht irgendeine alltägliche Entscheidung, hier ging es um Leben und Tod. Da waren die Ankläger, die Sünderin, und Er. Spannung lag in der Luft, und nicht nur die Jünger hielten den Atem an. Wenn Er jetzt etwas Falsches sagte, würden sie Ihn vielleicht auch steinigen. Es wäre nicht das erste Mal, dass sie Ihn umbringen wollten, aber Er konnte sich ihnen immer entziehen. Eine gefährliche Situation für Ihn, Er befand sich in einer fast aussichtslosen Lage. Würde der Sohn Gottes zulassen, dass vor seinen Augen ein Mensch zu Tode gefoltert wurde? Andererseits stand es so im Gesetz. Es wäre auch nicht die erste Ehebrecherin, die so ihrem Schicksal erlag.

> Wer von euch ohne Sünde ist, werfe als Erster einen Stein auf sie.

Er erhob sich und alles verstummte. Kaum einer konnte sich Seinem Anblick entziehen, und alle warteten begierig auf die Antwort. Er sagte: „Wer von euch ohne Sünde ist, werfe als erster einen Stein auf sie". „Was?" Das hatte niemand erwartet. Wer würde jetzt einen Stein werfen? Musste der, der zuerst warf, nicht die Verantwortung dafür übernehmen? War es nicht üblich so? „Ohne Sünde?" Es waren genug Schriftgelehrte und Pharisäer unter ihnen, ihre frömmsten Anführer. Sie verstanden wohl sofort, worauf der Nazarener anspielte: Sie würden die Todsünde nicht begehen, sich selbst als ohne Sünde zu bezeichnen. Das war ihnen diese Frau nicht wert. Einer nach dem anderen ließ den Stein aus den Händen fallen. Unerträglich blamiert hatten sie sich und zogen sich zurück, zuerst die Ältesten.
Einer jedoch hätte werfen dürfen: Jesus selbst, in allem uns gleich außer der Sünde. Und Er wusste, dass sie schuldig war. Aber Er schaute sich um, es gab nur noch Ihn und die Frau, die zitternd vor Ihm stand, gesenkten Hauptes, und nicht wagte, Ihn anzuschauen. Die Entdeckung und öffentliche Demütigung, die Todesangst hatten sie erstarren lassen. „Frau, wo sind sie geblieben? Hat dich keiner verurteilt?" „Keiner, Herr", sie wagte kaum, es auszusprechen. „Auch ich verurteile dich nicht, geh und sündige von jetzt an nicht mehr!"
Er und nur Er wird über uns alle richten, im Haus seines Vaters, am Ende der Zeiten, im Himmel. Er wird um jeden von uns wissen, um Schuld und Unschuld, und Er wird gerecht sein und barmherzig, das hat Er für immer bewiesen.

13. Liebe ist verschwenderisch (Joh 12,1-12)

Heute spielte es keine Rolle, was sie dachten. Nichts würde sie an sich ranlassen. Keine verachtenden Bemerkungen, schmerzende Ablehnung, oder die Flut strafender Blicke. Sie wollte nur zu IHM, und sie wusste, was sie tun wollte. Fest hielt sie das Alabastergefäß in ihren Händen und betrat den Raum, wo die Männer zu Tisch lagen. Eine Frau hatte darin nichts zu suchen, außer sie bediente die Gäste. So vieles gehörte sich nicht für eine Frau und vor allem für so eine wie sie. Stadtbekannte Sünderin, und sie kannte alle Gerüchte, alle gemeinen Worte, die man über sie ausgesprochen hatte, ja sie kannte auch die Regeln.
Nichts würde sie heute davon abhalten, und sie trat unerschrocken hinein und konnte ihre Tränen nicht zurückhalten. ER war gekommen, in ihre Stadt, und damit auch in ihre verlorene Welt. Sie ging direkt auf ihn zu, und Er schien nicht überrascht zu sein. Als sie das Gefäß zerbrach, verteilte sich der kostbare Duft des wohlriechenden Nardenöls im ganzen Raum und hüllte zärtlich seine Haare ein. Einer Salbung gleich, schien die Zeit still zu stehen, und Er ließ es an sich geschehen, ließ sich berühren, genoss Duft und zärtliche Berührung, Er ließ die Wohltat an sich heran.
Natürlich wurden einige unwillig und ungehalten. „Hat man so was schon mal erlebt?" – „Weiß er nicht, wer das ist?" „Wozu diese Verschwendung?" – Doch er nahm die Frau sofort in Schutz. Er sah die Verachtung in ihren Augen. „Hört auf! Warum lasst ihr sie nicht in Ruhe? Sie hat ein gutes Werk an mir getan."

Da nahm Maria ein Pfund echtes, kostbares Nardenöl, salbte Jesus die Füße und trocknete sie mit ihrem Haar.

Diese Frau hat ihm was Gutes getan? Es muss wie ein Messer in ihr aller Herz gedrungen sein. Und er sprach weiter: „Die Armen habt ihr immer bei euch, und ihr könnt ihnen Gutes tun, so oft ihr wollt; mich aber habt ihr nicht immer. Sie hat getan, was sie konnte. Sie hat im Voraus meinen Leib für das Begräbnis gesalbt." Da war sie wieder: die entwaffnende Belehrung, das immer neu Überraschende in Seinen Worten, das alle zum Verstummen und Nachdenken brachte. Eine Frau tat Gottes Sohn etwas Gutes auf Erden, und man hat es nicht einmal für nötig gehalten, ihren Namen der Nachwelt zu hinterlassen. Vielleicht ahnte es Jesus und sagte: „Amen, ich sage euch: Überall auf der Welt, wo das Evangelium verkündet wird, wird man sich an sie erinnern und erzählen, was sie getan hat."

14. Er ist wichtiger (Lk 10,38-42)

Er kommt in ein Dorf und sieht schon das Haus, in dem Er einkehren möchte. Er tritt über die Schwelle des Hauses, das Ihm, dem Sohne Gottes auf Erden, für Stunden ein Zuhause ist. Ein Ort des Willkommens, wo Er aufgenommen wird und erkannt ist. Er lässt sich ein auf das Geschenk der Gastfreundschaft und Bewirtung, obgleich jeder im Haus weiß, dass Er doch das Geschenk, alles von Ihm geschenkte Liebe ist, und dass vom Anbeginn des Betretens die Gastgeber die Beschenkten sind. Seine Anwesenheit ist bestimmt nicht willkürlich vom Vater zugeteilt, um dem Sohne Rast zu gewähren. Natürlich wird Er mit unsagbarer Freude aufgenommen, können die Schwestern doch ihr Glück nicht fassen, dass Er sie aufgesucht hat. Spürt Martha nicht die Blicke der anderen, die ihr sehnsüchtig nachschauen? Und obgleich ihr tausend Dinge im Kopf herumgehen, wie sie den Meister versorgen wird, spürt sie doch das tiefe Gefühl der Beglückung. Alles will sie für Ihn herrichten, Ihn verwöhnen, und ist ganz davon in Anspruch genommen, für Ihn zu sorgen. Doch da ist die andere Schwester, die nur das eine begreift, nur von einer Sehnsucht ergriffen wird, von einem Verlangen geleitet ist: dem Herrn zu Füßen zu sitzen und Seine Worte zu hören. Nichts anderes möchte sie tun, als Ihn voller Demut betrachten und der Sanftmut lauschen, die sich aus Seinem Mund in ihr tiefstes und innerstes Wesen verströmt. Es erlaubt keine Ablenkung, wenn Er spricht, und sie wagt es nicht, ihren Blick von Ihm zu wenden, während sie, von Seinen Worten gefesselt, sich an Ihm betrinkt.

Maria setzte sich dem Herrn zu Füßen und hörte seinen Worten zu.

Martha sieht und sieht nicht, hört und hört nicht, spürt nur ein Unbehagen. „Herr, kümmert es Dich nicht, dass meine Schwester die ganze Arbeit mir alleine überlässt? Sag ihr doch, sie soll mir helfen!"

Doch der Herr versteht ihr Treiben nicht, nicht ihre Aufgeregtheit. Er ist doch da. Er ist es, Er ist hier, bei ihr. Und doch, wie zärtlich Er ihren Namen spricht, als wolle Er ihr Herz gewinnen: „Martha, Martha!" Er sagt ihr die ganze Wahrheit für ihr ganzes Leben in einem Satz: „Du machst dir zu viele Sorgen und Mühen."

Sagt Er das nicht in jedes Menschenherz hinein? Können wir mit all unserer Sorge überhaupt bemerken, was uns wirklich fehlt? Was notwendig ist. Not-wendig! Unsere Not abwendet. Ist es nicht der Glaube, die Beziehung, die Zeit der Begegnung, die völlige Hingabe und das bedingungslose Vertrauen auf Ihn? „Maria hat das Bessere gewählt, das soll ihr nicht genommen werden." Möchten wir nicht Maria sein mit jeder Faser unseres Lebens?

15. Er ruft ins Leben (Joh 11,17-44)

Sie laufen Jesus nach: „Rabbi, Meister, bleib stehen, Dein Freund Lazarus braucht dich. Er ist schwer erkrankt. Er ist bald nicht mehr. Seine Familie ruft nach dir. Wirst du kommen?" Er schweigt, schaut mit seinen kostbaren Augen den Boten an, unwirklich, als sehe Er, aber als begreife Er nicht.

Er sagt, dass Lazarus nur schläft, es wäre noch Zeit. Aber was ist Zeit für Ihn, was bedeutet dieses Wort, dieser Begriff für den Schöpfer allen Seins? Er lässt sich nicht drängen, denn Er weiß, was der Tod ist. Der Tod, der für uns brutal ist und das Ende bedeutet, das absolute Aus, die unausweichliche Konsequenz allen Lebens, ist für Ihn nur ein Übergang.

Und Er, der noch nicht der „Aufstand" über den Tod ist und doch in Ewigkeit Auferstandener heißen wird, Er geht weiter, geht vorüber und überlässt den Freund dem Grab. Lässt Menschen flehentlich weinen, lässt Freunde im Stich, lässt sich nicht umstimmen, gleich nach dem Rechten zusehen. Wie können sie das begreifen, dass der letzte Hoffnungsschimmer in der großen Not, der Retter, nicht bereit ist zu retten, zu heilen, zu helfen? Jesus lehnt ab, einzuspringen.

Wie hoffnungslos kehren sie zurück an den Ort des Geschehens und müssen sagen, Er kommt nicht, Er will nicht, Lazarus wäre nicht tot, er schliefe nur. Wie tief muss diese Ablehnung verletzt, diese Auskunft die Schwestern geschockt und die ganze Familie ins Herz getroffen haben. Jetzt spätestens verstünde die ganze Welt das Aufbäumen gegen diesen Gott, den menschlichen Urtrieb des bitteren, hoffnungslosen Zweifels, bekäme der Moment des Unglaubens seine erklärlichste Geburtsstunde. Wann, wenn nicht jetzt?

> Ich bin die Auferstehung und das Leben.

Aber Gott hat eine andere Vorstellung von Zeit, von Tod und Leben. Er lässt sich nicht drängen, nicht festlegen, nicht manipulieren, macht keine Vetternwirtschaft mit dem Leben, bevorzugt keinen, nicht Freund, nicht Feind. Und dann kehrt Er doch zurück, und wie grausam muss seine späte Ankunft gewesen sein. Aber Er stellt sich den stillen Fragen der Verbitterung, der Ablehnung, der Trauer, der ganzen Erschütterung der Menschen, um den Verlust des Freundes, des menschgewordenen Sohnes Gottes zu begreifen.

Er bleibt nicht auf Distanz stehen, sondern nähert sich dem Schicksal der Menschen, dem unabdinglichen Los allen menschliches Seins. Er tritt ans Grab. Er, der Herr über Leben und Tod, setzt sich mit dem verwesenden Staub menschlichen Seins auseinander.

Er ruft ins Grab hinein und Lazarus aus dem Grab heraus, aus dem Tod, und zeigt uns damit, dass Er auch uns aus dem Tod ruft und uns befiehlt, zu leben!

16. Sanft bringt Er Frieden (Joh 12,12-19)

Sie sind nur noch ein paar Meilen von Jerusalem entfernt. Die Zinnen der Stadtmauer sind in Sicht, und immer mehr Menschen begegnen ihnen auf dem Weg zur heiligen Stadt. Er flüstert leise, und zwei Seiner Jünger machen sich davon, ins nächste Dorf. Sie wissen, dass sofort zu tun ist, was Er ihnen sagt. Und natürlich finden sie den Esel angebunden, als hätte er auf sie gewartet. Sie wundern sich nicht mehr. Alles ist eingetroffen, immer, und so haben sie nicht einen Augenblick gezögert, Seine Weisung zu befolgen. Sie haben aufge-

hört zu fragen. Sie wissen, dass alles einen Sinn ergibt, was Er sagt und tut. Aber ist Er so müde, dass Ihn Seine Füße nicht mehr tragen? Hätten sie mehr rasten sollen? Er ist so weise, so klug, so vorausschauend. Er wusste, wie schwer es ist, in den Massen, die durch die Stadtmauern drängen werden, voranzuschreiten. Manchmal muss man Angst haben, erdrückt zu werden. Erst vor einigen Tagen haben sie die Menge kaum zurückhalten können. Überall verbreitet sich inzwischen Seine Ankunft wie ein Lauffeuer. Kaum nähert Er sich einem Ort, da strömen die Menschen herbei. Vor allem die Bettler, Nichtsnutze und Kranken. Die Jünger haben sich schon daran gewöhnt, auch wenn es ihnen manchmal auf die Nerven geht. Allen Abschaum zieht Er an. Kein Wunder, dass sie Ihn ständig beobachten und Gründe suchen, Ihn zu verurteilen. Wenn Er sich nur nicht immer mit den Pharisäern anlegen würde. Aber Er provoziert sie. Manchmal genügt es, dass Er sie anschaut, und sie ziehen sich verärgert zurück, können Seinem Blick nicht standhalten. Immer wieder fühlen sie sich durch Ihn in Frage gestellt. Er ist nicht mehr der Unbekannte, der sanfte Prophet aus Galiläa. Sie hören Ihn heimlich schon Messias nennen. Wenn das nur gut geht in Jerusalem! Kaum erkennt Ihn jemand, gibt es kein Halten mehr. Alle wollen Ihn sehen, wollen Ihn hören, wollen Ihn sogar berühren. Aber das geht inzwischen zu weit. Jesus setzt sich auf den Esel und streichelt sanft das ruhige Tier; erstaunlich, noch nie hat es einen Menschen getragen. Nie wieder würde es eine so kostbare Last tragen wie den Menschensohn. Das sanfte Tier, das Sinnbild für den bescheidenen, gewaltlosen Friedensbringer, bringt Ihn nach Jerusalem. „Das muss Er sein! Ist das nicht der Nazarener?" „Wer?" „Der Messias!" – „Hosanna!", schreien sie. Wie eine Welle entlädt sich die Freude. „Hosanna dem Sohne Davids!" Er ist mehr als irgendein König, es ist der eingeborene Sohn. Nie wusste das Volk Gottes es mehr als in diesem Moment, dass ihr wahrer König Einzug hält. Nur Palmzweige sind würdig für den siegreichen König, Sinnbild aller Unabhängigkeit. Wenn einer sie befreien kann, dann Er. Der von Gott Gesandte. Wie tief verstanden die Pharisäer und Schriftgelehrten dieses Zeichen. So ein demonstrativer Einzug war pure Provokation für sie und für die Römer. Jetzt war das Maß voll, übervoll.
Der Esel trägt Ihn ruhig und würdevoll durch die jubelnde Menge, die engen Gassen, ohne zu murren, trägt Ihn heim in Seine Stadt, wo alles endet, wo alles beginnt.

Siehe, dein König kommt; er sitzt auf dem Fohlen einer Eselin.

17. Er ist sich für nichts zu schade (Joh 13,1-17)

Das Fest der Ungesäuerten Brote war da, und Er schickte die Jünger, von denen Er wusste, dass Er sich auf sie verlassen kann. Petrus, den Felsen, den Anführer, der nicht nur reden konnte, sondern der auch anpackte. Und ihn, den Sanften, den Er so sehr liebte, Johannes. Der das richtige Gespür hatte, das Petrus oft fehlte. „Geht und bereitet das Paschamahl vor", hatte Er zu ihnen gesagt. Wie unbeholfen sie waren. Doch wo sollten sie es vorbereiten? Auf alles wusste Er eine Antwort. Alles fanden sie genau so vor, wie Er es gesagt hatte. Den Mann mit dem Wasserkrug, das Haus, den Raum im Obergeschoss mit den Polstern. Nein, auch sie wunderten sich nicht mehr, dass der Herr des Hauses genau wusste, von welchem Meister sie sprachen. So oft hatten sie das erlebt. Auch sie hatten aufgehört zu fragen. Sie bereiteten alles vor, wie Er es ihnen aufgetragen hatte. Sie würden gemeinsam das Paschamahl feiern, wie sie es von Kindheit an getan hatten, wie sie es mit Ihm gefeiert hatten, die letzten zwei Jahre. Die ungesäuerten Brote, die Bitterkräuter, das Wasser mit dem Salz und das Lamm. Ein reines, koscheres Lamm musste es sein. Und der Wein. Es sollte der Höhepunkt sein, es war immer ein Höhepunkt, bei Ihm zu sein. Und dann war er da, der Abend. Sie waren müde, aber aufgedreht. Sie betraten das Obergeschoss, und einige fielen auf die Kissen. Er wartete eine Weile, doch nichts geschah. Keiner seiner Jünger begriff, was zu tun war. Er legte sein Gewand ab, goss Wasser in eine Schüssel und begann, ihnen ihre verstaubten Füße zu waschen. Einem nach dem anderen. Waren sie so geschockt, dass keiner ihm das Wasser abnahm? Dass keiner mehr wagte, etwas zu sagen? Petrus, wieder Petrus, hielt inne und flüsterte: „Du, Herr, willst mir die Füße waschen?" Nein, er begriff es nicht, sie alle begriffen es nicht. Wie sollten sie es begreifen, was der Herr an ihnen tun wollte? Gott war sich nicht zu schade, den Menschen, die Er erwählt hatte, zu dienen, an ihnen den Liebesdienst zu tun. Tiefer konnte Er nicht herabsteigen zu ihnen. Ein Beispiel sollte es sein, das sie nie vergessen sollten. Vergessen? Wie könnte man diese Stunden vergessen! Sie waren die innigsten Momente der Menschheitsgeschichte und der Kirche. Der Abend, der alles verändern sollte.

Begreift ihr, was ich an euch getan habe?

18. Er hinterlässt sich uns (Mk 14,17-25)

Da saßen sie nun um den bereiteten Tisch versammelt, und jeder spürte die Festlichkeit dieses Abends. Die Nacht hatte sich auf Jerusalem gelegt, und wohl in jedem Haus begann der Hausvater das ungesäuerte Brot zu zeigen und die Gebete zu sprechen. Es war Pascha und das Paschamahl war angerichtet. Wie konnte man ahnen, dass Er innerlich erbebte über dem Geschehen, das sich nun vollziehen sollte, und auch darüber, dass der Mann, der Ihn verraten und ausliefern sollte, unter ihnen war. Unter den Freunden, die Er sich erwählt hatte, denen Er vertraute.

Sofort legte sich eine Stille über den Raum, wie damals, als Er dem Sturm auf dem See gebot, still zu sein. Unerträgliche Stille, und man sah ihnen ihre Betroffenheit an. Zweifelten sie an sich? „Bin ich es, Herr?“
Würden wir nicht auch zweifeln in diesem Moment, wissend, dass Er alles weiß und alles durchschaut?
„Bin ich es etwa, Rabbi?“ fragte Ihn Judas. „Du sagst es.“ – Nun war es ausgesprochen und stand im Raum, während Er mit ihm das Brot in die Schüssel tauchte. Aber warum begriff keiner der anderen, was das hieß? Warum fragte niemand nach? Machte dem ertappten Verräter niemand einen Vorwurf? Warum hielt ihn keiner zurück? Weil alle nur an sich selbst dachten? Weil der Schrecken aus ihren Gliedern wich, die Erleichterung sich breit machte, darüber, dass sie selbst es nicht waren?
Doch Jesus konnte nicht dabei stehen bleiben, Er musste etwas anderes vollziehen, etwas, was Ihn selbst verändern würde. Er wusste, dass sie nicht ohne Ihn sein konnten.
Nie könnte die Gemeinschaft, die Er stiften wollte, lediglich durch das Zeugnis über Sein Leben oder Seine Worte oder die Wunder Bestand haben. Menschen vergessen schnell, alles kann in Frage gestellt werden, Interpretationen Seine Botschaft verfälschen.
Er wusste, dass Er ihnen ein Zeichen hinterlassen musste, ein Zeichen zum Abschied, ein Geschenk für die ganze Welt, dessen Ausmaß sie nie und nimmer in dieser Nacht begreifen würden.
Er nahm das Brot. Er dankte. Er brach es. „Dies ist mein Leib.“ Er nahm den Wein. Dankte erneut. „Dies ist mein Blut, das für Euch vergossen wird zur Vergebung der Sünden. Tut dies zum Gedächtnis an mich.“
Niemand konnte ahnen, wie Er sich fühlte. Er selbst war in Seiner ganzen Person unter ihnen und Er hatte eine neue Gestalt angenommen. Er wurde zum Lebens-mittel, zur unerschöpflichen Quelle, zum Brot des Himmels. Er war in beiderlei Gestalten da. Leibhaftig und zeichenhaft. Doch niemand als Er selbst wusste um die Bedeutung, wusste um das, was der Mittelpunkt seiner Kirche sein würde. Er hatte Himmel und Erde vereint, verbunden, transzendent gemacht. Er spürte es, spürte, dass Er nun wusste, dass Er Mensch und Gott ist. Nur sie wussten es noch nicht. Sie waren verwundert, überrascht, dass Er die strengen Rituale veränderte. Brot brach und weitergab, Seinen eigenen Becher herumreichte. Es war zu neu, zu frisch. Sein Fleisch? Sein Blut? Und während sie dazu übergingen, das Lamm zu essen und ausgelassen zu feiern, die Rettung aus Ägypten, die Befreiung aus der Sklaverei, saß ihr Befreier und Retter schon unter ihnen.

Nehmt und esst; das ist mein Leib.

19. Er lässt sich trösten (Lk 22,39-46)

Das Fest war vorbei, und plötzlich hatte die Wirklichkeit Ihn eingeholt. Es galt, das Werk zu vollbringen, Seinem Leben den letzten Sinn zu verleihen. Dafür war Er auf die Welt gekommen, dafür hatte Er gelebt, um alle Liebe zu vollenden, den Willen Seines Vaters bis ins Letzte zu erfüllen. Er ging an den Ort, der Ihm vertraut war und den Er lieb gewonnen hatte, zum Ölberg. Wohin hätte Er gehen sollen, um mit dem aufkommenden Druck und der Angst fertig zu werden? Ein bisschen Ruhe zu finden und Kraft im Gebet zu suchen, an einem Platz, an dem Er sich wohlfühlen konnte. Seine Jünger folgten Ihm.

Er bat sie zu beten, denn nur Er wusste, welche Prüfungen sie alle zu bestehen hatten. Und Er zog sich einen Steinwurf weit zurück. Manchmal muss man allein sein, um das Wesentliche bedenken zu können. Vor allem, um mit Seinem Vater allein zu sein und sich wenigstens im Gebet frei und sicher fühlen zu können, ohne Zeugen. Er kniete nieder, die Angst kroch in Ihm hoch und drohte Ihn zu zerreißen. Die Angst, die jeden zum Sterben Verurteilten ergreift, und selbst Sein Vater konnte Ihm nicht zuflüstern: „Mein geliebter Sohn, es wird nicht so schlimm. Du schaffst es schon.“ Beide wussten, es würde schlimm werden, brutal, unmenschlich, grausam und bedrohlich. Nichts könnte den bevorstehenden Schmerz mildern. Es gab kein Ausweichen, kein Entkommen, wollte Er den Heilsweg bis zum Ende gehen. Was könnte in diesem Moment Trost sein?

Betet darum, dass ihr nicht in Versuchung geratet!

Ein Engel erschien Ihm vom Himmel und gab Ihm neue Kraft. Ein Engel, der Ihm die Gewissheit der Nähe Seines Vaters spüren ließ. „Vater, wenn Du willst, nimm diesen Kelch von mir! Aber nicht mein, sondern Dein Wille geschehe.“ Er war bereit, mit aller Konsequenz auf Seinen eigenen Willen zu verzichten.

Und Er betete noch inständiger in Seiner Angst, und Sein Schweiß war wie Blut, das auf die Erde tropfte. Er durchlitt die Angst jedes Menschen, Leid, Missbrauch, Schmerzen, Folter, und jegliche Prüfung, die Ihm widerfahren konnte. Alle Angst der Menschheit.

Nachdem Er gebetet hatte, ging Er zu Seinen Jüngern, vielleicht konnten

sie Ihn trösten – doch sie alle schliefen. Sie hatten sich nach der Feier, dem Wein, der Dramatik des Abends in den Schlaf geflüchtet. Wie sollte Er nicht aufgebracht sein: „Wie könnt Ihr schlafen? Könnt Ihr nicht mal eine Stunde mit mir wachen?“ Wieder hatten sie Ihn enttäuscht. „Steht auf und betet, damit ihr nicht in Versuchung geratet.“ Er sorgt sich auch in der letzten Stunde um sie.
Aber es war zu spät, eine Schar Männer stand bereits hinter ihnen. Das Leiden sollte beginnen.

20. Er nimmt alles auf sich (Mk 15,15-20)

Die Pein hatte begonnen, und sie sollte die ganze Nacht kein Ende finden. Ausgeliefert und verspottet, getreten, geschlagen, verhöhnt, bespuckt, vorgeführt, verlassen und belacht, gefoltert, gequält und gekreuzigt – das waren die Stationen, die Er durchlaufen musste, um den Willen des Vaters bis zum Äußersten zu erfüllen.

Waren es nicht Seine Brüder, Sein Volk, das Ihn anklagte? Sie mussten sich etwas einfallen lassen, denn niemand konnte Ihm tatsächlich eine Schuld nachweisen. Die Zeugen waren wohl gekauft, aber schnell enttarnt. Was hatte Er verbrochen, dass sie Ihn um jeden Preis vernichten wollten? Was fürchteten sie wirklich?

Dann legten sie ihm einen Purpurmantel um und flochten einen Dornenkranz.

Wie leicht ist es, einen Menschen anzuklagen und zu verdächtigen, und wie schwer, es zu beweisen, wenn das Motiv in der Schlechtigkeit des eigenen Herzens zu finden ist. Was kann ein Körper aushalten, dessen Geist rein und unverdorben ist, ohne Sünde und Makel? Dessen Herz sich von Liebe und Gebet ernährt und zärtliches Erbarmen in jedem Wort Seiner Stimme liegt. Jeder Schlag und Hieb war ein unrechter Schlag gegen einen völlig Unschuldigen. Alles, alles musste Er erleiden, damit jede menschliche Schuld und Ungerechtigkeit einen Namen hat und getilgt werden konnte.

Blutverschmiert und gemartert durch die Geißel, war jeder Zentimeter seines Leibes geschunden, und die Einstiche der Dornenkrone waren nur noch ein geringer Schmerz, wenn auch die letzte Pein in der Nacht. Hatte Er geweint, als man Ihn für ein paar Stunden, auf dem Boden kauernd, seinem Schicksal überließ, bis der Morgen graute? Ich wünschte mir, dass Er ohnmächtig war, wenn auch nur für Minuten, um die unerträglichen Schmerzen zu betäuben. Hört man in diesem Moment auf, Angst zu haben, wenn man um den bevorstehenden Tod weiß, wie grausam er einen auch erwartet, weil er Erlösung bedeutete?

Nein, nichts wurde Ihm erspart, das Bitterste, Unaussprechlichste an Qualen und die unmenschlichste Folter sollten noch auf Ihn warten.

21. Er stirbt für uns (Joh 19,13-30)

Der Prozess war vorbei, aber was soll das für ein Prozess gewesen sein? Wo war der Verteidiger? Ankläger gab es genug. Ein Richter, der Angst vor der Meute hatte, der die Schuldzuweisung zurückgab an die laut Schreienden. Bis heute schreien sie, nie haben sie aufgehört zu schreien. Man überhört sie nie. Sie schreien ihre Überheblichkeit, ihre Rechthaberei, ihr anmaßendes Wesen, ihre Kritiksucht hinaus, und immer muss jemand dafür büßen. Die Frommen zogen ihm lieber einen Verbrecher vor. Der Sohn Gottes war ihnen noch weniger wert, und es verwundert nicht, dass Pilatus seine Hände in Unschuld waschen wollte. Sie wollten diesen Menschen nicht, nicht diesen König und nicht diesen Gott. Ein armseliges Überbleibsel eines Gottes war übrig, der gekommen war, Seine Kinder zu retten. Doch sie brauchten keinen Retter, jedenfalls keinen solchen. Der purpurrote Mantel verdeckte nur zum Teil seinen geschundenen Körper, und Sein Schweigen war lauter als alles Geschrei auf dem Platz. „Kreuzigt ihn“ – nun war es soweit. Und sie brachten das Kreuz und hoben es auf seine Schultern. Unbarmherzig peitschten sie Ihn und zwei Verbrecher durch Jerusalem, durch die menschenüberfüllten Gassen. Die Masse war entzückt von dem Schauspiel, eine Abwechslung in der Mittagshitze. Die Schmach nahm kein Ende. Der Schweiß und das Blut rannen in Seine Augen, und fast blind stolperte Er über die Treppen und den holprigen Weg, den in Jerusalem alle zum Tode Verurteilten gehen mussten. Was nahm Er noch wahr? Jeder Schritt entzog Ihm mehr Kraft, und doch lebte in Ihm noch das Leben. Er hörte die Mütter weinen. Er ließ zu, dass man Ihm den Schweiß abwischte, und Er nahm die Hilfe an, als ein Mann gezwungen wurde, Ihm beim Kreuztragen zu helfen.

Es ist vollbracht!

Wo waren seine Freunde, warum befreite Ihn niemand, warum griff niemand ein? Er erreichte den Ort, an dem Er sterben sollte. Doch nicht einfach sterben. Er wurde angenagelt an das Kreuz. Durch Hände und Füße schlug man Ihm die Nägel, die Haut, Sehnen und Knochen durchbohrten und dann zog man den Balken hoch. Da hing Er nun, Freund und Feind ausgeliefert. Die Feinde waren da. Doch wo waren die Freunde? Seine Mutter war nicht von Seiner Seite gewichen, immer in Seiner Nähe geblieben. Sie durchlitt mit Ihm alle Qualen, die Er in Seinem Leben durchgemacht hatte. Und Johannes war da, der Lieblingsjünger.

Und wo war Gott? Wo Sein Vater? Warum schrie Er nach Ihm, warum fühlte Er sich verlassen? Weil wir Menschen das immer zuerst fühlen? Uns von Gott verlassen vorkommen, wenn alles schief geht?
Weil Er auch die Angst, die Leere durchfühlen musste?
„Es ist vollbracht", hauchte Er, und es war vollbracht. Endlich! Genug damit! Die Sünde der Menschheit, alle Bosheit war getilgt. Der Preis unbezahlbar, nicht zu rechtfertigen, übermenschlich. Und doch war er bezahlt.
Für deine Sünden und für meine Sünden, für immer und ewig.

22. Er erwählt eine Frau zur Zeugin (Joh 20,1-18)

Die Nacht wollte nicht zu Ende gehen, schlaflos lag Maria von Magdala da. Wie hätte man auch schlafen sollen nach dem Ende, dem brutalen Finale, der Verzweiflung? Vielleicht waren es nur Minuten, in der ihr ein kurzer schwerer Traum beschert war. Wie erschlagen stand sie auf, noch bevor der erste Lichtstrahl Israel berührte. Das Volk und das Land, ja die ganze Menschheit hatte den Messias verloren.
Früh brach sie also auf, von Unruhe und Leere getrieben, hin zu Ihm. Wie oft ist sie Ihm entgegengeeilt?

Sie kam und sah zu ihrem Schrecken, dass der Stein vom Grab weggenommen war. Und so lief sie, so schnell ihre Füße sie trugen, zu Simon und dem Jünger, den Jesus liebte, und berichtete, dass der Stein weg und Jesus verschwunden sei.
Später stand sie weinend draußen am Grab und beugte sich vorsichtig in die Grabkammer. Doch da waren zwei Engel. In weißen Gewändern saßen sie da, wo der Leichnam Jesu gelegen hatte.
Welch ein Trost, dass im Grabe Engel sind, auch wenn Er schon weg ist. Wie zart und vorsichtig sagten die Engel: Jesus!
„Frau, warum weinst du?" Und es brach aus ihr heraus: „Man hat meinen Herrn weggenommen, und ich weiß nicht, wohin man ihn gelegt hat." Ja, ihr war alles genommen worden, alles, wofür sie gelebt und was sie erhofft hatte. Der erste, der einzige Mensch, der sie verstand, der ihr Würde geschenkt hatte, der sie nicht fallen ließ. Ihm war sie gefolgt und nun war sogar Sein Leichnam weg. Sie wandte sich um und sah Jesus stehen, wusste aber nicht, dass es Jesus war. Wie tief war ihr Schmerz. Und auch Jesus fragte sie: „Frau, warum weinst Du? Wen suchst Du?" Da hätte sie es schon merken müssen, aber sie glaubte, es sei der Gärtner. Und wer außer Jesus hatte sich dafür interessiert, warum sie weint, was sie sucht, was ihr wirklicher Kummer ist? „Sag mir bitte, wo er ist!" Wie verzweifelt war sie! Sie vergrub sich in ihre Tränen. Doch da hörte sie ihren Namen. „Maria!" So vertraut und zärtlich hatte sie ihr Leben lang nur einer angesprochen: Er!

Maria von Magdala ging zu den Jüngern und verkündete ihnen: Ich habe den Herrn gesehen.

„Rabbuni, Rabbuni, oh mein Meister!"
„Halte mich nicht fest", und genau das wollte sie, Ihn festhalten und nie wieder loslassen. Doch Er brauchte sie, eine Frau, um ihr eine Botschaft für Seine Brüder zu sagen. Die erste, wichtigste frohe Botschaft sollte eine Frau verkünden. „Ich gehe hinauf zum Vater, zu meinem Gott und eurem Gott."
Maria von Magdala ging zu den Jüngern und verkündete ihnen: „Ich habe den Herrn gesehen!" Sie sollte vom Herrn Seinen Jüngern Seine Botschaft ausrichten. Welch eine Auserwählung, welch ein Auftrag, welch ein Ereignis! Ihre Augen sahen den Lebendigen, den Auferstandenen, den Aufstand für die Welt. Eine neue Zeit ist angebrochen, doch vielleicht haben wir es bis heute nicht bemerkt.

23. Er fragt auch dich (Joh 21,1-23)

Stumm aßen sie den Fisch, konnten ihr Glück nicht glauben, trauten einfach ihren Augen nicht. Es war erneut geschehen, wie damals. Sie waren zum Fischen hinausgefahren, aber umsonst. Er stand da, aber sie erkannten Ihn nicht. Und Er gebot ihnen, die Netze auf die richtige Seite hinauszuwerfen, und die Netze bogen sich voller Fische. Und der Jünger, den Jesus liebte, rief als erster: „Es ist der Herr! “

Nur Einer konnte das vollbringen, und dieser Eine hatte es ihnen schon einmal gezeigt, was alles möglich war, wenn sie nur an Ihn glaubten.

„Der Herr?“ Erschrocken kleidete sich Simon Petrus an und sprang ins Wasser, Ihm entge-

gen. Sollte er lachen oder weinen? Nach beidem war ihm zumute. Schon zwei Mal war ihnen der Herr als Auferstandener erschienen. Jetzt hatte Er Petrus erneut das Wunder gezeigt, mit dem Er sein Herz für sich gewonnen hatte.
Ein Kohlenfeuer und darauf Fisch und Brot hatte Er ihnen bereitet, und Er gebot ihnen zu essen. Keiner wagte Ihn zu fragen: „Wer bist du?“, denn sie wussten ja, dass Er es war. Wie konnten sie nicht verunsichert sein? Wer hatte je zuvor sich von einem zu Tode Gequälten, einem Gekreuzigten und Toten, dem ersten und einzigen Auferstandenen Brot und Fisch reichen lassen! Sie wagten kaum, seine Hände zu betrachten, aber sie sahen die Wundmale. Sie sahen jemanden, der alle Gesetze von Leben und Tod durchbrochen hatte, der göttliche Macht besaß.

So anders, so neu, so unbegreiflich war die Wirklichkeit ihres geliebten Herrn.
Als sie gegessen hatten, fragte Jesus Petrus ohne Vorwarnung und so direkt, dass es ihn ins Herz traf: „Simon, Sohn des Johannes, liebst du mich?“ Welch ein Schock traf den Jünger! Jetzt war es soweit, jetzt würde Jesus mit ihm abrechnen. Jetzt käme die Verleugnung, seine bodenlose Feigheit, seine Armseligkeit, ja seine ganze Angeberei, mit der er versprochen hatte, dem Messias wenn nötig bis in den Tod zu folgen, auf den Tisch. Das unverzeihliche und nie wieder gut zu machende Versagen, jetzt würde er Rechenschaft ablegen müssen. Aber was sollte er antworten? Es gibt kein Erklären, keine Ausrede, keine Worte für sein Verhalten.

Herr, du weißt alles; du weißt, dass ich dich lieb habe.

Fast flüsternd antwortete er Ihm: „Ja, Herr, du weißt, dass ich dich liebe“ – „Du weißt es, du weißt alles, du weißt, warum ich das getan habe, du weißt, was du mir bedeutest, es tut mir so leid, mein Jesus, glaub mir bitte, wie leid es mir tut!“
„Weide meine Lämmer!“ – Hat Er das wirklich gesagt? Petrus traute seinen Ohren nicht.
Doch der Herr fragte ihn zum zweiten Mal: „Liebst du mich?“
Mit weit geöffneten Augen starrte er Ihn an: Was will Er hören?, schoss

es Petrus durch den Kopf. Kleinlaut wiederholte er: „Ja, Herr, du weißt, dass ich dich liebe." – „Du weißt genau, was ich denke, Jesus. Was ich fühle, wer ich bin. Du kennst mich besser, als ich mich kenne. Du hast immer gewusst, was ich dachte, wenn du dich mit den Schriftgelehrten anlegtest, mit Sündern trankst, anders warst als alle unsere Rabbiner."

„Weide meine Schafe", sagte Jesus. Lämmer und Schafe, die Kleinen und die Großen sollte er, Petrus, hüten? Das traute Er ihm zu? Macht keine Vorwürfe, schweigt zum Versagen, keine Strafe?

„Simon, Sohn des Johannes, liebst du mich?"

Jetzt wurde Petrus traurig, weil Er ihn zum dritten Mal fragte. „Er glaubt es mir nicht",

durchzuckte es ihn. Wie sollte Jesus ihm auch glauben, nach all dem, nach seinem verfluchten Größenwahn? Diese Frage war schmerzlicher als jede Bestrafung. Wie sollte er es Ihm beweisen? Nein, er konnte nicht mehr tun, als sein Herz sprechen zu lassen. „Herr, du weißt alles, du weißt, dass ich dich liebe."

„Weide meine Schafe."

Das dritte Mal hatte Jesus ihn nach der Liebe gefragt, drei Mal wiederholt, dass er zum Hüter derer beauftragt wurde, die Jesus die Seinen nannte. Kein Vorwurf, nur die Frage nach der Liebe. Das ist der Maßstab, wie Jesus mit dem Sünder umgeht. Er fragt ihn nach der Liebe. Was werden wir ihm antworten?

24. Er begeistert zu neuem Aufbruch (Apg 2,1-13)

Sie saßen beieinander, manche unterhielten sich leise, während man in anderen Gesichtern ein herrliches Staunen bemerkte. Die Ereignisse hatten sich überschlagen. Und kaum war das eine Unfassbare geschehen, erlebten die Jünger immer neue Wunder. Sie alle hatten es mit ihren eigenen Augen gesehen, Jesus war ihnen als Lebendiger, als Auferstandener begegnet. Einigen Brüdern, sogar den Frauen, und dann allen Jüngern gemeinsam. Thomas hatte sogar gewagt, seine Hände in Seine Wunden zu legen. Niemand und nichts hätte vermocht, ihnen das auszureden. Sie hatten Jesus von Nazaret tot gesehen und dann lebendig erlebt. Mit ihnen hatte Er Mahl gehalten und ihnen geboten, in Jerusalem zu verweilen, bis die Verheißung des Vaters sich erfüllen sollte. Jedes Wort konnten sie wiederholen: „Ihr werdet in wenigen Tagen mit dem Heiligen Geist getauft." Vor ihren Augen wurde Er in den Himmel emporgehoben, und nun verharrten sie gemeinsam im Gebet mit den Frauen und Maria. Sie waren wieder vollzählig. Das Los war auf Matthias gefallen, und so hatte ihn der Herr zum Apostel bestimmt.

> Alle wurden mit dem Heiligen Geist erfüllt und begannen, in fremden Sprachen zu reden, wie es der Geist ihnen eingab.

Sie wussten, dass etwas Ungeheuerliches geschehen wird, aber sie wussten nicht, wie und was. Jesus hatte vom Beistand gesprochen, von der Kraft, die sie empfangen sollten, vom Heiligen Geist. Das tröstete sie, denn niemand konnte sich vorstellen, wie sie ohne den Meister als eingeschüchterte Jünger weitermachen sollten, was sie nun überhaupt tun sollten.

Und so waren sie alle beisammen, als der Pfingsttag gekommen war. Plötzlich, unerwartet, kam ein Brausen vom Himmel, wie wenn ein heftiger Sturm daherfährt, und erfüllte das ganze Haus, in dem sie waren. Sie mussten sich aneinander festhalten und Panik erfasste sie. Doch da erschienen Zungen wie von Feuer, die sich verteilten. Über jeden von ihnen wurde die wärmende Flamme der Liebe ausgegossen und ließ sich auf jeden nieder. Alle wurden sie mit dem Heiligen Geist erfüllt und fingen an, laut Gott zu loben, zu reden, sogar in fremden Sprachen. Staunend, bewegt, klar, mutig, gläubig, heilend, einfach mit wunderbarer Gnade sprachen sie. Die Juden, fromme Männer aus allen Völkern, die sich in Jerusalem eingefunden hatten, strömten zusammen, als sich das Getöse erhob, und sie erschraken, denn jeder konnte sie in seiner Sprache verstehen. Jeder, der das sah, was mit den einfachen Galiläern geschehen war, war ratlos. Niemand konnte ihr Verhalten einordnen. „Was hatte das nur zu bedeuten?"

Diese einfachen Männer waren wie verwandelt, auch wenn manche spotteten, dass sie vielleicht betrunken wären. Sie würden niemals wieder aufhören zu reden von ihrem Jesus, ihrem Herrn, vom Messias, der gekommen war, die Welt zu retten. Nie mehr würde diese froh machende Botschaft verstummen. Sie waren Seine Zeugen, Seine Apostel, die Erwählten, und dieser Geist war fähig, sie aus ihrer Kleinheit und Ängstlichkeit herauszuführen. Jetzt begann ihr wirkliches Abenteuer, das Abenteuer des Glaubens und die Geburtsstunde der Kirche Jesu.

Fotonachweis:

Cover: © Teresa Zukic; © josef rapek/Fotolia.de; Retrospiz: © josef rapek/Fotolia.de; S. 8: © Franck Diapo/Fotolia.de; S. 11: © Aleksandar Todorovic/Fotolia.de; S. 12: © Joy Brown/Shutterstock.de; S. 15: © noomhh/Fotolia.de; S. 17: © shinzoo/Fotolia.de; S. 19: © Falko Matte/Fotolia.de; S. 20: © Anettphoto/Shutterstock.de; S. 23: © Kzenon/Fotolia.de; S. 25: © eranyardeni/Fotolia.de; S. 26: © Zurijeta/Shutterstock.de; S. 28/29: © VICTORIA/Fotolia.de; S. 30/31: © Kavita/Fotolia.de; S. 32: © Gino Santa Maria/Fotolia.de; S. 35: © stockcreations/Fotolia.de; S. 36: © Željko Radojko/Fotolia.de; S. 39: © Moti Meiri/Fotolia.de; S. 40/41: © Iakov Kalinin/Fotolia.de; S. 43: © Gino Santa Maria/Fotolia.de; S. 44: © IngridHS/Fotolia.de; S. 46/47: © Subbotina Anna/Fotolia.de; S. 48/49: © Anyka/ChristArt/Fotolia.de; S. 50/51: © WDG Photo/Shutterstock.de; S. 52: © andreiuc88/Fotolia.de; S. 54/55: © AnykaL/Fotolia.de; S. 56/57: © Ben Heys/Fotolia.de; S. 59: © Gerhard Führing/Fotolia.de; S. 61: © Franck Diapo/Fotolia.de

Bibliografische Information der Deutschen Nationalbibliothek
Die Deutsche Nationalbibliothek verzeichnet diese Publikation in der Deutschen Nationalbibliografie; detaillierte bibliografische Daten sind im Internet über http://dnb.d-nb.de abrufbar.

Besuchen Sie uns im Internet:
www.st-benno.de

Gern informieren wir Sie unverbindlich und aktuell auch in unserem Newsletter zum Verlagsprogramm, zu Neuerscheinungen und Aktionen. Einfach anmelden unter www.st-benno.de.

ISBN 978-3-7462-4013-8

Umschlag: Ulrike Vetter, Leipzig
Gesamtherstellung: Arnold & Domnick, Leipzig (A)